少年口才

神奇的"灭火器"

多变的道歉方式

时间岛图书研发中心 ◎编绘

北京时代华文书局

图书在版编目（CIP）数据

少年口才班．神奇的"灭火器" / 时间岛图书研发中心编绘．－－ 北京：北京时代华文书局，2021.6
ISBN 978-7-5699-4197-5

Ⅰ．①少… Ⅱ．①时… Ⅲ．①口才学－少儿读物 Ⅳ．① H019-49

中国版本图书馆 CIP 数据核字（2021）第 114101 号

少年口才班　神奇的"灭火器"
SHAONIAN KOUCAIBAN SHENQI DE "MIEHUOQI"

编 绘 者｜时间岛图书研发中心

出 版 人｜陈　涛
选题策划｜郄亚威
责任编辑｜石乃月
封面设计｜王淑聪
责任印制｜刘　银

出版发行｜北京时代华文书局 http://www.bjsdsj.com.cn
　　　　　北京市东城区安定门外大街 138 号皇城国际大厦 A 座 8 楼
　　　　　邮编：100011　电话：010-64267955　64267677
印　　刷｜唐山富达印务有限公司　电话：022-69381830
　　　　　（如发现印装质量问题，请与印刷厂联系调换）
开　　本｜787mm×1092mm　1/32　印　张｜1.5　字　数｜16 千字
版　　次｜2021 年 6 月第 1 版　　印　次｜2021 年 6 月第 1 次印刷
书　　号｜ISBN 978-7-5699-4197-5
定　　价｜160.00 元（全 10 册）

版权所有，侵权必究

道歉方法 你知道多少？

- 主动承担**责任**
- **灵活多变的**道歉方式
- **对不起**
- **关注自己**的错误
- 道歉的态度**要真诚**

主人公登场

夏小佐

个人简介

不太守规矩，酷爱新鲜事物，任何场合都能玩得很嗨的夏小佐

夏小佑

个人简介

成绩超好，举止优雅，爱帮助别人的暖心小女孩夏小佑

贾博

个人简介

喜欢认识新朋友，口才一级棒，有时候却粗心大意到让人抓狂的贾博

米娜

个人简介

爱吃草莓，胆子小，说话温柔，爱哭又爱笑的米娜

柏丽尔

个人简介

喜欢扎马尾辫,热爱小动物的高个子女生柏丽尔

小佐妈妈

个人简介

注重形象,做得一手好菜,却害怕猫的小佐妈妈

小佐爸爸

个人简介

慢条斯理,经常挨妈妈批评的小佐爸爸

曹老师

个人简介

有学问又有耐心,非常了解孩子的班主任曹老师

苗校长

个人简介

和蔼可亲,又不失幽默风趣的胖胖的苗校长

目 录 MULU

故事 1 神奇的"灭火器" 001

主演
客串

故事 2 妈妈生气了 008

主演
客串

故事 3　贴纸和知了　016

主演
客串

故事 4　不好，贾博遇险了　024

主演
客串

故事 5　凶巴巴的阿姨　032

主演
客串

道歉是一门学问，道歉的方式有很多种，有些说不出口的道歉还可以用其他方式代替。有诚意地说出自己错在哪儿了是所有道歉技巧的前提，如果没有这个前提，就算口才再好也不会收到实质的效果。

故事 1

神奇的"灭火器"

淅淅沥沥的小雨从半夜下到早上。上学的路上,同学们有的打着伞,有的穿着雨衣,把一条条小路装扮得五颜六色。

夏小佐和夏小佑穿着雨衣来到学校,一进教室,忽然闻到一股浓浓的硝烟味儿。

"不好了!不好了!"米娜跑过来向他们报告,"贾博弄湿了柏丽尔的笔记本,柏丽尔要发怒了。"

夏小佐和夏小佑定睛一看,果然,柏丽尔双手握拳,怒气冲冲地瞪着贾博,两只眼睛都快冒出火来了。贾博耷拉着脑袋,也在生闷气。

"你们俩怎么回事?"夏小佐来到两个人中间。

贾博说:"妈妈给我买了一把新雨伞,上面有我最喜欢的卡通人物。我知道柏丽尔也喜欢这个卡通人物,就想让她看一看,没想到我的手一晃,把雨伞上的水滴到了柏丽尔的笔记本上,她就生气了。"

"那是我刚买的笔记本,第一天拿到学校来,一个字都没写呢,就被你弄湿了,你说怎么办吧!"柏丽尔拿起那个皱皱巴巴的笔记本,使劲**摔**在桌子上,火气更大了。

"夏小佐,怎么办啊?柏丽尔发火了。她不会和贾博打起来吧?"米娜战战兢兢地看着夏小佐。

"**我去找曹老师。**"夏小佑转身就要走,却被夏小佐拦住了。

"这点儿小事还用得着找曹老师吗?用'灭火器'就能解决。"夏小佐坏笑着说。

"'**灭火器**'?你疯了吗?那可不是玩具,不能随便乱动。"夏小佑觉得哥哥太不靠谱了。

"我说的不是那个灭火器,看我的!"夏小佐冲着夏小佑坏坏地一笑,然后凑近贾博的耳朵悄悄地说,"我的灭火器就是'**对不起**'三个字。你现在只要对柏丽尔说上一句对不起，她心里的火马上就会熄灭。"

"真的假的？"贾博不太相信，傻呆呆地看着夏小佐。夏小佐冲他努努嘴，说："不信你试试看呀！"

贾博在心里盘算了一下："曹老师说过，不让我们在教室里摆弄被雨淋湿的伞，要是让她知道了，我肯定得挨批。干脆就试试夏小佐说的'灭火器'吧！"

于是，他鼓起勇气，看着柏丽尔的眼睛说："对不起，我不是故意的。"

"对……"柏丽尔本想好好教训贾博一顿，可是看着贾博一脸真诚的样子，她心里的火一下子就消了一半，到嘴边的话又咽回去了。

"既然人家已经诚恳地道歉了，那么自己也应该大度一点儿。再说笔记本湿了，晒干了还可以接着用。"柏丽尔拿定主意，大度地挥挥手说："算了算了，不跟你计较了。"

她刚说完，曹老师就走进了教室。

"刚才发生什么事了？吵吵闹闹的，我在

办公室都听见了。"

"没事！没事！"夏小佐挤眉弄眼，贾博和柏丽尔心领神会，赶紧装作若无其事的样子，回到自己的座位上，准备上课了。

下课以后，贾博感激地说："夏小佐，你的'灭火器'真管用，以后我要把它带在身边。不管大事小事，只要自己做错了，先把这个'灭火器'拿出来灭火。"

"好主意，我也带上。"夏小佐心里得意极了。

老师说

我们每个人都有一个平息怒火、化解矛盾的法宝,这个法宝就是"对不起"。可不要小看这三个字,当你犯了错误时,真诚地说一句"对不起",承认自己的错误,事情也许就会出现转机。

故事 2

妈妈生气了

昨天晚上，夏小佐家里爆发了一场**世纪大战**。

爸爸的大学庆祝建校 100 周年，校友们从五湖四海赶回来，为母校庆祝 100 周岁的生日。

爸爸他们班的同学居然一个也不少，全都聚齐了。这可是非常难得的机会啊！爸爸一高兴，没控制住自己，喝得 **酩酊大醉**。妈妈最讨厌爸爸喝醉了，她半夜开车把爸爸接回家，本来就窝

了一肚子火,谁知爸爸回家以后又吐了一地,弄得满屋子都是酒味儿。妈妈这回真被气炸了,和爸爸大吵了一架。

今天早晨,妈妈赌着气蒙头大睡,连早饭也没有准备。

爸爸清醒过来后,**轻手轻脚**地来找夏小佐和夏小佑商量:"你们的妈妈从来没发过这么大的脾气。这次她真的气坏了，**这可怎么办呢?**"爸爸慌了神儿，无助地抱着脑袋叹气，看上去真可怜。

"快去给妈妈道歉吧！"夏小佑说。

"我已经说过**'对不起'**了，但是不管用。"

妈妈生气了，家里的气氛变得十分压抑。夏小佐不喜欢这样的气氛，他决定帮爸爸一把。

"爸爸，你别着急，我们帮你想办法。"

夏小佐和夏小佑把贾博、柏丽尔约到了他们的秘密基地——小花园。夏小佐诚恳地说："你们有道歉的好方法吗？快点儿告诉我。"

"可以买一束花，女人最喜欢花了。"

"买妈妈喜欢的口红也行。"

"还有包和**漂亮衣服**。"

"亲手给妈妈做一顿大餐也不错。"

除了做大餐以外,夏小佐和夏小佑觉得其他主意都不错,于是他们马上赶回家,把这些方法告诉了爸爸。爸爸立刻行动,带着夏小佐和夏小佑去商场买了口红和包,又在花店里选了一束玫瑰花。

爸爸还在卡片上写了一封信,诚恳地向妈妈道歉,并且保证以后再也不喝醉了。然后,他把卡片插在玫瑰花中间,带着兄妹俩回家了。

妈妈还在床上生闷气。夏小佐拉着

妈妈的手,可怜巴巴地说:"妈妈,别生气了,我的肚子好饿呀!"

"我也是,从早晨到现在还没吃饭呢!"夏小佑拉着妈妈的手,娇滴滴地说,"妈妈,别生气了,生气会长皱纹的,**你就原谅爸爸吧!**"

妈妈一看见这两个心肝宝贝,眼泪唰一下就流了出来。这时,爸爸捧着鲜花走进来,真诚地说:"亲爱的,对不起,我以后再也不喝醉了。"

妈妈看了鲜花一眼,把头转向了旁边,一句话也不说。爸爸像**变戏法**似的,一会儿拿出新买的包,一会儿拿出口红,变着法儿地逗妈妈开心。

"谁让你买这么多东西的？**这得花多少钱啊**！"妈妈终于开口说话了。

"妈妈，你不生气啦？"夏小佐和夏小佑惊喜万分。

"**生气**，我都快被你们气死了。"妈妈虽然嘴上这么说，但大家都能听得出来，她心里已经不生气了。

"你不生气，真是太好了，我都快被吓傻了。"爸爸搓着手，傻笑着说，"走，我带你们去吃大餐。"

"唉!"妈妈叹着气说,"生气的代价可真大呀!"

"是呀!为了帮妈妈消气,我还贡献了两块巧克力呢!不过,我现在知道怎样跟别人道歉了,还是很划算的。嘿嘿……"这样一想,夏小佐心里舒服多了。

好了,云开雾散,去吃大餐吧!

老师说

向别人道歉，有很多好方法。比如，写一封道歉信或者送对方一个精心制作的小礼物。如果你是一个幽默的人，也可以讲个笑话，逗对方开心。如果这些方法都不行，那么就开动你的小脑筋，再想想其他的办法。

故事 3

贴纸和知了

最近,班里刮起了一股手账风。几乎全班的女同学都迷上了做手账,夏小佑也不例外。不过,和在手账本上**写写画画**比起来,她更喜欢收集各种各样的胶带和贴纸。

有一次,舅舅从日本回来,送给夏小佑一套特别漂亮的贴纸。夏小佑一直舍

一套特别漂亮的贴纸。夏小佑一直舍不得用,就把它们放在了一个透明的盒子里,没事的时候就拿出来看看。

这天,夏小佑跟着爸爸妈妈去超市了,夏小佐把贾博叫到家里来玩。贾博把两只手扣在一起,神神秘秘地问:"你知道我手里拿的是什么吗?肯定猜不到。"

"是什么?快点儿让我看看。"夏小佐迫不及待地去掰贾博的手。贾博说:"小心点儿,别伤到它。"他摊开双手,夏小佐惊讶地发现,他的手心里躺着一只圆滚滚的知了。

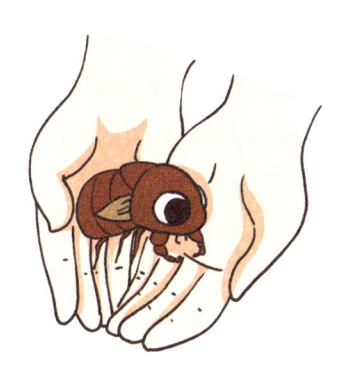

"哇！好可爱的知了啊！它会长大吗？"

"当然，这可是活的。"贾博满脸得意地问，"你家有盒子吗？最好是透明的，我们把它放在盒子里，看它怎样长大。"

"好！"夏小佐马上在家里展开大搜索。忽然，他在夏小佑的桌子上发现了一个装着贴纸的盒子。

"哈,用这个盒子正合适。"他把贴纸拿出来,随手放在桌子上,拿着盒子来到客厅里,让贾博把知了放在里面,然后两个人开始直勾勾地盯着它,一动也不动地观察起来。就在这个时候,一阵风从窗户吹进来,把夏小佑的贴纸吹到了地上,夏小佐他们看知了入了迷,谁也没发现。

过了一会儿,夏小佑和爸爸妈妈回来了。突然,夏小佑发出了一阵炸雷般的尖叫声:"啊!我的贴纸!**谁把我的贴纸扔到地上了?**"

大家跑过去一看，贴纸横七竖八地躺在地上，还有两张被夏小佑踩在脚底下了。夏小佑像一头发怒的狮子，从房间里冲出来。贾博一见形势不太妙，赶紧脚底下抹油——溜走了。

夏小佑怒气冲冲地指着夏小佐的脖子问："是不是你干的？"

夏小佐指着知了说："我只是用了一下你的盒子，不用这么生气吧？"

"这是我最喜欢的贴纸，你知道它们有多珍贵吗？"夏小佑不依不饶。

爸爸妈妈赶紧打圆场说："小佐，不经过妹妹允许，就动人家的东西，并且还没有看管好，是不对的，快给妹妹道歉！"

"好吧，道歉就道歉，"夏小佐挑着眉毛，两只眼睛往上斜着，十分不情愿地说了句，"对不起。"

夏小佑看着夏小佐满不在乎的样子,更生气了,大声说:"你根本不是在道歉,我不接受。你赔我贴纸。"

夏小佐刚要狡辩,爸爸对他说:"道歉就要有道歉的态度,你嘴上说着'**对不起**',态度却一点儿也不真诚、不在意,这不是道歉,而是在火上浇油!"

夏小佐听懂了爸爸的话,他把地上的贴纸捡起来,交给夏小佑,真诚地说:"对不起,我真的不是故意的。有两张贴纸弄脏了,我没办法赔你,但我可以赔给你一个知了。"他拿起那个盒子,指着里面的知了说:"**好好看着,它一会儿就能长大了。**"

"真的吗?"夏小佑被知了吸引过来,不生气了。

第二天清晨,客厅里突然传来一阵熟悉的声音:"知了——知了——"

老师说

　　道歉的时候会不会说漂亮话，并不重要。重要的是要发自内心地道歉，要诚心诚意地认识到自己犯下的错误，而不是随便敷衍一下。只有真正认识到了错误，才能有效避免再次犯错。

故事 4

不好，贾博遇险了

学校放暑假了，可是爸爸妈妈还要上班，不能带夏小佐和夏小佑出去玩，他们在家待着好无聊啊！

"**小佑——**"夏小佐放下手中的笔，拉着长音说，"我不想写作业了，咱们出去玩吧。"

"好啊，我也想出去转转。可是去哪里玩呢？"夏小佑眨巴着眼睛问。

夏小佐的眼珠骨碌碌一转:"去小河边玩吧,那里有很多大树,非常凉快,还能捞鱼呢!"说着,他拨通了贾博家的电话。这么好玩的事,说什么也得叫上自己的好哥们啊!

过了一会儿,三个小伙伴在小区门口见了面,一起往东走去。在夏小佐家东边不远的地方,有一条小河,十分钟就走到了。小河边有一个公园,附近的人们经常来这里遛弯。

夏小佐他们趴在栏杆上,看着柳条在水面上**荡来荡去**,觉得既舒服又

自在。

"**快看**,很多小鱼游过来了。你们在这里等我一下。"夏小佐转身朝着路边的便利店跑去。很快,他拿着三个捞鱼网跑回来了。

"咱们比赛捞鱼,看谁捞得多。"夏小佐把捞鱼网分别递给了夏小佑和贾博。贾博摇着头说:"不行,我爸爸说在河边捞鱼很**危险**。要是他知道我在这里捞鱼,会把我的屁股打开花的。"

"就是,万一掉进河里可就麻烦了。"夏小佑也很担心。

"真是两个胆小鬼,咱们小心一点儿,不告

诉家长和老师就行了。别啰唆了,**开始吧!**"夏小佐拉着夏小佑和贾博来到一座小桥上。桥的两侧都有栏杆,但栏杆之间有很大的缝隙。

"**这个地方离水面最近**,肯定能捞到很多鱼。"夏小佐趴在小桥上,伸着胳膊去捞鱼。夏小佑和贾博觉得挺好玩,也跟着过来捞鱼。

水中的鱼儿好像故意逗他们玩似的,绕着他们游来游去,就是不让他们捞到。时间一长,三个小伙伴都失去耐心了。

"嘿!我非把你捞到不可。"贾博紧紧地盯住一条小金鱼,看它游过来了就把网伸了过去。可是,小金鱼一摇尾巴又游走了。贾博一着急,把半个身子从栏杆的缝隙中钻了出去,终于捞到了那条小金鱼。

可是……**糟糕**,贾博的身子被栏杆卡住,出不来了。

"夏小佐，我卡住了，**快帮帮我！**"

夏小佐和夏小佑吓坏了，抱住贾博又拉又拽，可就是出不来。就在他们快要急哭的时候，一个保安叔叔发现了他们。

"**别乱动。**"保安叔叔一只手托住贾博的脑袋，另一只手拿出手机，拨通了消防员的电话。

不一会儿，一个消防员叔叔到了，他用工具把栏杆的缝隙撬开，把贾博解救了出来。

"小朋友，以后不要在这里捞鱼了，这样非常危险。"消防员叔叔嘱咐道。

贾博吓得两腿发软，**一屁股坐在了地上**。

"**对不起**，"夏小佐说，"我要是不拉着你们捞鱼，就不会发生这样的事了。"

"我知道这样很危险，却没有阻止你们，我也有责任。"夏小佑看着贾博，后悔极了。

看见夏小佐和夏小佑向自己道歉，贾博不好意思起来，红着脸说："**是我太不小心了**，不能怪你们。以后我再也不来这种地方捞鱼了。"

消防员叔叔笑眯眯地打量着他们,说:"犯了错误能够主动道歉并**承担责任**,你们都是好样的。这件事,我就不告诉学校和老师了,但你们回家以后必须告诉爸爸妈妈,听一听他们的教诲,以后就不会再做这么危险的事了。"

三个小伙伴郑重地点点头,赶紧回家了。想起刚才发生的事,他们还真有点儿后怕呢!幸亏贾博没事,要不然……**啧啧**,太可怕了。

老师说

如果自己的行为给别人带来了伤害或者不幸，不但要说"对不起"，还要主动承担起责任。这样的道歉方式会更容易让别人接受。

故事 5

凶巴巴的阿姨

会展中心举办了一场大型的机器人展览，五花八门的机器人个个身怀绝技，把小朋友们都**看呆了**。一直到下午6点，会展中心要关门了，大家才依依不舍地走出来。

"哎呀，我还没看够呢！"

"就是，明天咱们再来看一次。"

"我最喜欢那个会剪头发的机器人。"

"那个救援队员也**很棒!**"

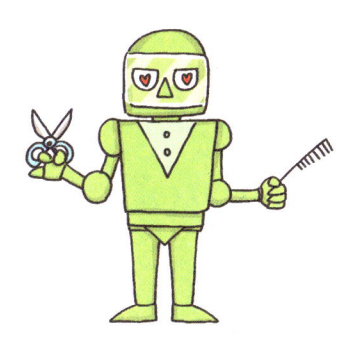

夏小佐、夏小佑、贾博聊着天,坐上了回家的公交车。正好赶上下班高峰,公交车上人有点儿多,他们只能站着。但这丝毫没影响他们的兴致,尤其是贾博和夏小佐,**话匣子**打开了,关也关不上。

"那个武术机器人真厉害,他会螳螂拳、虎拳,还会铁砂掌和无影脚。"

"就是,就是,我还跟他学了两招呢!**吼哈——吼哈——**"夏小佐一边说一边比画。忽然,他的脚踩到了后面一位阿姨的脚上。

"哎哟，我的脚！"阿姨一手扶着拉手，一手摸着自己的脚叫了起来。

"对不起，对不起，"夏小佐说，"我没想到后边会有人。"

"你是在责怪我站在你后面吗？"阿姨**气愤**地说。

夏小佐赶紧解释："不是，不是，阿姨，我是说您应该离我远点儿。"

"我的脚被踩了,难道还是我的错?这是什么道理!"阿姨**更生气了**。

"阿姨,您误会了。"贾博帮夏小佐解释道,"他也不是故意要踩您的,您用不着这么生气吧?"

"**嘿**,这俩孩子怎么这么说话!明明是你们踩了我,现在倒埋怨起我来了?你们是哪个学校的?我要找你们老师给评评理。"阿姨气得火冒三丈。车厢里的人也**议论纷纷**,指责夏小佐和贾博不会说话。

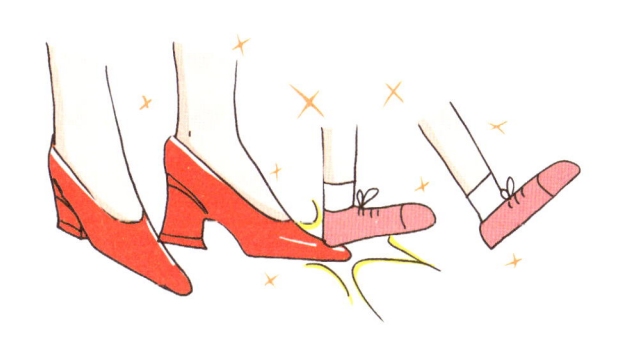

夏小佐和贾博低着头，羞愧得抬不起头来。

这时，夏小佑鼓起勇气，对阿姨说："对不起，阿姨。我们不应该在公交车上打闹，都是我们的错，**请您原谅我们吧**。"

听到夏小佑的话，阿姨的脸突然一下就红了。

"还是这个小姑娘会说话，"她满脸堆笑地说，"其实，被踩一下也没什么，我本来也没有

那么生气，只要你们道个歉就行了。但是这两个小男孩说来说去，都是在**责怪我**。你说我能不生气吗？"

"**那您现在还生气吗？**"夏小佑问。

"不生气了，我一听到你说话，肚子里一点儿气也没有了。"阿姨看了看夏小佐和贾博，笑着说，"放心吧，我不会告诉你们老师的。"

"**谢谢阿姨！**"夏小佐和贾博老老实实地站在自己的位置上不说话了，公交车上又变得安静下来。

下了公交车，夏小佐拍着胸脯说："刚才那个阿姨好凶啊，我以为她真的会去告诉曹老师呢！"

夏小佑摇摇头，说："其实她一点儿也不凶，是你们道歉的时候激怒了她。踩了人家的脚，本来就是你们的不对，诚心诚意地跟人家说句'**对不起**'就行了。可是你们一会儿怪人家站在你们身后，一会儿怪人家小气，一点儿也不提自己的错误，换了谁都会生气的。"

"**原来是这么回事啊！**"夏小佐和贾博这才明白过来。

"我有一个好主意，长大以后我要发明一个

道歉机器人，专门替我去道歉，那样就用不着我亲自出马了。哈哈……"夏小佐为自己想到的这个好主意兴奋不已。

"别打鬼主意了，道歉要诚心诚意才有用。"夏小佑说着话一抬头，发现夏小佐和贾博早就跑远了。

"等等我！"夏小佑大声呼喊着追了上去。

老师说

有些人，明明自己做错了事，道歉的时候却要责怪别人，或者先指责别人的错误。这样做会激化矛盾，让原本很小的一件事，变得非常糟糕。正确的做法是，主动为自己犯下的错误道歉，让对方的怒火先平息下来，进而解决矛盾。